# Unite



Knight A

be God
teruto

イラスト　たま

Unite

# CONTENTS

出会うべくして出会った

# Knight A
## - 騎士A -
## The first part

# Knight A talk

## 結成のきっかけ

そうま　出会うべくして出会ったんだ。もともと6人はバラバラで活動していて、それぞれ歌だったり、声を使った活動だったり、ゲーム実況だったり、6人それぞれが、自分たちの表現を極めるために目標に向かって頑張っていたんだ。そこから最初は、ばぁうとゆきむら。から始まったんだよね。

ゆきむら。　うわ、そっから話すのか。

そうま　（笑）

ゆきむら。　ばぁうが「グループを組みたい」って話をしていて。「やるなら志が高いメンバーとやりたい」っていう話をふたりでしていたんだ。それなら各々「裏切られても許せるやつに声をかけよう」ってことになって……。ひとりひとり「いちばん信頼できて、志が高いやつ」を挙げていったら最強のメンバーになった。

ばぁう　俺がてるとくん。

ゆきむら。　自分はそうま。

てるとくん　僕がまひとくん。

しゅん　俺は、ななもり。さんから（笑）。

そうま　外部推薦（笑）。

全員　（笑）

そうま　まさに、出会うべくして出会ったね。

# No titleとしての活動期間

ばぁう　遊び？

全員　（笑）

ばぁう　メンバーが集まって始まった『No title』は、実際に活動してどうなるかってことを知る期間かな。

てるとくん　まだ謎がいっぱいだったからね。

ゆきむら。　自分は完全に「値踏み」してた。「ここでイケてなかったら……」って。

まひとくん。　値踏みされてたんだ！

しゅん　で、どうだったの？　ゆきむら。

ゆきむら。　なんていうか、俺たちがどうのこうのよりもリスナーの反応がすごかった。「なんでグループやらないの？」みたいなテンションだったな。

しゅん　あったね、あったあった！

そうま　No titleって半年くらいだっけ？　1年やってないよね。

てるとくん　懐かしいね。

ばぁう　自分たちでもグループとしてのよさは少し感じていて、「歌ってみた」でメンバー全員の声が繋がったものを初めて聴いたとき、すごくしっくりくるなって思った。

まひとくん。　最初は、声も意識してなかったよね。

ゆきむら。　なんもしてない。

てるとくん　ただ「楽しいな～！」くらいでみんなとわちゃわちゃしてた。

まひとくん。　まだグループとして確立していない中途半端な期間だから「やめちまえよ！」っていう批判も来るかなって思っていたら、逆に「やっちゃえよ！」っていう意見のほうが多くて、最初からリスナーさんたちの反応がすごくよかったんだ。

ゆきむら。　グループになってもいいかもな……とは思っていたけど、どちらかといえば、リスナーのほうが先走ってた感じはあったかな。こっちのほうがステイだったよね。

そうま　「ちょっと待てよ」って落ち着かせることのほうが多かった。でもそんな風に、みんなの声が爆発しそうなときに、やっと「やるか」ってなって、全員が揃ったイラストを投稿したんだ。

しゅん　あのときはすごかったね。

そうま　「やっぱ来たな！」って盛り上がったな。

てるとくん　あの結成の瞬間を今でも鮮明に覚えてる。

まひとくん。　今でも、このＮｏ ｔｉｔｌｅだった期間は、めちゃくちゃ大切だったと思う。

# グループ名の由来

そうま　そこから『Knight A - 騎士A -』として活動していくんだけど、グループ名の由来は、来るべきときが来たら言う。

しゅん　まだ早い。

ばぁう　今はトップシークレットだな。

そうま　見てくれている子たちそれぞれに、名前の由来を考えてもらいたい。

# コンセプト

ゆきむら。　「神」。

そうま　　それぞれがそれぞれの分野の神でいたい。
いちばんだという気持ちで活動をしているし、
それ以上多くを語るのは違うなと思ってる。

# 始動してからの変化

ばぁう　お互いがキャラをわかってきたよね。

まひとくん。　テンポもぜんぜん違う。

しゅん　呼吸がさらに合ってきたよね。

まひとくん。　鉄板ネタもどんどん増えていったよね、回を重ねるごとに。

そうま　誰かが何か言えば、みんながワッとなってメチャクチャになるのが俺たちの放送。うるさすぎて誰が話してるのかわからないこともある（笑）。

てるとくん　でもそういう空気感が好きだし、それがＫｎｉｇｈｔ Ａだと思う（笑）。

ゆきむら。　年々うるさくなってる。

そうま　でもそれは、俺たちにしか出せないものだと思っているんだよね。それぞれが言いたいことをぶつけていく、みたいな。「まぁ俺たちってこうだよな」って……。自由だよな。

ばぁう　こっちからリスナーに寄せていくことは……ないね（笑）。

全員　あんまりない！

ばぁう　ほんとに求められている声があるときに、「それも視野に入れてみるか」ってことはあるかもだけど、ついてこれないなら……バイバイだね。

しゅん　「面倒な奴はBye(Bye)」って（笑）。

ゆきむら。　『Ｄａｙｄｒｅａｍ』ね（笑）。

# Knight A talk

# Knight A profile

## HISTORY

2020年2月22日　6人で初の配信を行う

2020年3月　『No title』として活動開始

2020年8月2日　正式にグループ『Knight A - 騎士A -』として活動スタート

2021年2月13日・14日　初ワンマンライブ『Knight』開催（豊洲PIT）

2021年8月11日　1stミニアルバム『The Night』発売

2021年9月23日　2ndワンマンライブ『The Night』開催（横浜アリーナ）

2021年12月27日　3rdワンマンライブ『Dead Or Alive』開催（横浜アリーナ）

## MEMBER

YUKIMURA
- ゆきむら。-
まるでガラスでできた
日本刀
セルフプロデュースで
磨き上げられた唯一無二の存在

# 活動を始める前の自分

活動を始める前の自分は「陰キャ」ではあったんだけど、学校の中では、周りの友だちはカースト上位で、自分は盛り上げ役だったんだよね。バイブスは高くて、友だちは多かったんだけど、あまり自己発信するタイプではなかったかな。

アイドルが大好きで憧れてはいたけど、東京まで行ってオーディションを受ける覚悟はなかった。そのうち、コンセプトカフェで地下アイドルみたいなことを始めたんだけど、プロじゃないから駅前でチラシを配ったりとか、結局ただのアルバイトだった。この道で本気でやるなら東京に出ないとっていうことは自分でもわかっていたけど、今思うと逃げでやってたんだよね。学業もおろそかだったし、中途半端にアイドルになりたいっていう夢だけ追いかけてた。

# 活動を始めたきっかけ

二十歳を越えた時点で、何も残ってなかったんだよね。親にも心配かけちゃってるし……。青春をダラダラ過ごしたまま、結局、中途半端で何も挑戦できなかったのが自分だった。そんなとき、親がパソコンを買い与えてくれて。インターネットの世界には、「逃げ」で来たようなものなんだ。現実逃避をしたかった。そのころ、歌い手が盛り上がっていて「家でも歌ったりできるんだ？」って知った。

今までは誰かを通して、場所を与えられないと歌や言葉を届けることができなかったけど、SNSや動画配信なら自分の思いとか言葉を届けたいときに直接届けられるかもしれない。そう思ったのが活動を始めたキッカケ。中途半端な自分の第二の人生をここ（ネット）から始めようっていう気持ちで、ここ（ネット）だけは「命かけてやろう」って決心したんだよね。そこから「逃げ」がぼくの人生になった。

あとは、もうひとつ。単純に「親孝行したい」んだよね。まだ親にはこの活動のことを報告できていないし、それが自分の課題でもある。よくみんなからも「進路の話を親にできない」っていう相談をもらうことがあるけど、ぼくもそこは胸を張れなくて、リスナーと一緒に乗り越えるべき課題なんだなって。やりたいことを「やりたい」って親に言うのはすごく怖いし、「普通」のことじゃなければないほど言えないと思う。インターネットを始めたきっかけが親で、でも、そのせいで学校に行かなくなったりして。受けた恩を仇で返してしまったのは、かなり後悔している。親には「なんで、お前にパソコンを買い与えてしまったんだろう」って言われたこともあったし、今は「ただ、イキって上京しただけ」って思ってるだろうから……。だからこそ、絶対にこの活動を、ただのネットアイドルみたいなもので終わらせたくないって思ってるし、リスナーのため、自分のため、親のため、めっちゃガチでやってます。

## 活動を始めてから

最初はニコニコで生主として配信して、面白いこと言って沸かせるって感じだったんだけど、あるとき歌を投稿したら、再生数は伸びないし、まったく喜ばれなかったんだよね。みんなが望んでいるのはぼくのしゃべりで、どんなにしゃべりが上手でも、歌は届かないんだなって思った。そこで一度「生主」をやめたんだ。そのときのコミュニティーも消して。生配信者が歌い手になるの？っていう批判も多かったけど、一から歌い手として再スタートした。どうせやるなら、誰よりも「愛されたい」「必要とされたい」って思ったんだ。恋愛とかじゃなくて、概念的に「いるだけでありがとう」って言われるような存在になりたいって思ったんだよ。

それから自我を殺したっていうか……。自分らしく生きて受け入れてもらうのは意外と難しいから、「ウケるもの」ってなんだろう？「かっこいい」ってなんだろう？を追求しまくった。ありのままの自分じゃなくて、自分が「イケてるな」って思う要素をとり入れてプロデュースした自分像が今の「ゆきむら。」だから、自分が自分のめっちゃファンなんだ（笑）。

実は紫も好きじゃないんだよね(笑)。普通に青も暖色も好きだったし……。自分の好きな色で活動を始める人が多いと思うけど、ここで生き残っていくには、ありのままの自分じゃダメなんじゃないかって。その当時、紫のキャラがほとんどいなかったし、ない色だったら自分の色になるんじゃないかって思った。紫って赤と青、2色の要素が組み合わさった冠婚葬祭でも唯一使える高貴な色だし。ゆき「むら」だし(笑)。好きな色じゃなくて、今までになくてエモい色が紫だっただけ。深いようで浅いんだけどね(笑)。

配信を始めた最初のころは、リスナーとのコミュニケーションは文字だけだったし「かっこい」とか「好き」とか言われても、ぜんぜん信用してなかった。

でも初ライブのとき、初めてみんなの顔を見て「生きてる」って……。当たり前なんだけど(笑)。こんな子たちがコメントをくれてたんだなって思ったら、そこから少しリスナーへの考えが変わったというか……。手紙をくれた子、遠征してくれた子、親に頭を下げて来てくれた子……そんな子たちをリアルに見て、めったに心が揺れ動かないけど、愛を感じたんだ。信頼できるっていうか、「へぇ、やるじゃん」って。

でも、10年くらい活動をやっていて、「好きになってもらえること」を努力していたけど、「好きでい続けてもらえない」っていう現実に直面したんだよね。10年前からずっと応援してくれている子はいないだろうし、5年前ですら難しいんじゃないかな？　ずっと二人三脚でやってきたつもりだったけど、どうせいなくなるのに何やってたんだろうって虚しくなった。

人はずっと一緒にはいられないんじゃないか、伝わらない、叶わないんじゃないかっていう現実を知った。

出会ってうれしい。でもいなくなって悲しい。だけど信じたい。リスナーという存在から人間的な感覚を養ったよね。「喜怒哀楽」はリスナーから学んだ。

いい声を出すことでも、うまく歌うことでもなくて、言葉の信頼っていうか。誰かのきっかけになりたかった。共感して繋がれたら、何よりも長く一緒にいられるんじゃないかって。「私どうして○○なんだっけ？　そうだ、ゆきむら。さんが……」って、ぼくから離れた人生だったとしても、ぼくを思い出すだろうし、その思い出になりたい。

# Knight Aになると決めたときのこと

ここがけっこう……10年後も活字で残るんだろうと思うと、すごく言葉を選ぶんだけど……。でも「勝ちたい」でしかない。「売れたい」とか「人気」って言うと安っぽく聞こえるかもしれないけど、正直、そこにつきるんだよね。自分のためにも、自分を応援して叩かれているようなリスナーのためにも、常識をひっくり返したいと思った。そう思ったときに、自分ひとりでできることの限界値も知った。いろんなことを他人から吸収しないと自分の価値観も正しいかどうかも判断しにくいし、いろんなところからインスピレーションを受けたいなって。

自分はずっと鎖国だったから、ライバルがいないと燃えないっていうのもあった。復讐心に近いんだけど、大人の視界に入ることをリアルに発信していきたいし、故郷の駅に自分のでっかいポスターを貼りたい(笑)。ひとりで頑張ることにいろんな意味で限界を感じていたから、そういう、天地をひっくり返すくらい大きなことをするために、グループでの活動を選んだ。

正直に言うと、メンバーのことを好きになったのはあとから。そもそも敵だったから(笑)。でも敵でも、リスペクトしていた部分はあったし、敵ながら何か吸収したいって思えるやつらだったというか、敵ほど味方に置けっていうか(笑)。

でもちゃんと考えていたことがひとつあって、それは「裏切られても許せるかどうか」ってこと。

そうじゃないと長く続けられないし、自分の身を切れないって思った。今のメンバーには「裏切られてもいい」って思ってるよ。それが、最初からだったらキレイな話なんだけどね（笑）。実際は、だんだんかたちになってきて……。1年経った今、現場が増えたり、一緒に多くの時間を過ごして、この6人ってものがすごくしっくりきてる。相手の波長やフィーリングとか。「だるい」って思うこともあるけど、彼らといると、悔しいけどちょっと人間力が上がるっていうかね。これまで死ぬほど好きな友だちとか仲間とかいなかったけど、今はほんと遅れた青春（笑）。

ぼくのリスナーはけっこう孤独な子とか多くて、同じく孤独だったぼくに仲間ができたことを信じてくれなかったというか、ショックだった子もいたと思う。だから、リスナーには、こいつらとだったら本気でやっていけるっていう気持ちを伝え続けた。最初はちょいちょい文句を言うこともあったけど（笑）、今は胸を張って「仲間だよ」って伝えられるし、リスナーもグループ活動を受け止めて応援してくれていて、それは素直にうれしいんだ。

# 活動で大切にしていること

Knight Aの間で「最初にこれだけはやろう」って決めたことが「ありがとう」と「ごめんね」は言おう、みたいな(笑)。「嫌なことがあったら言う」とか「報・連・相」とか、こんな当たり前のことが最初のルールだったんだよね。ぼくは友だちごっこがあまり好きじゃなくて、だから個人を大事にしてるし、みんなもお互いのテリトリーを大事にしてるし、それを守りながら活動してるのが心地いい。

# YUKIMURA

そしてこれは個人的なものなんだけど、嘘が嫌い。こういうインタビューもどこまで言えばいいのかとか、そういう縛りがストレスで……。自分の活動の等身とかけ離れてしまう感じがして。自分を貫くって、簡単なことじゃない。相手に対して思いやりがあって愛があるからこそできることだし、でも誰かを傷つける瞬間もあって、それでも貫き殺してるのが自分。

「殺られる前に殺る」のは基本で……（笑）。等身大、嘘をつかない、そこは大事にしてる。

# リスナーさんに伝えたいこと

いっぱいあるけど……「ぼくは、お前らを幸せにはできない」。

リスナーからぼくに寄せられる声には、虐待とかいじめとか、かなり複雑な問題もあるんだけど、「助けるよ」とか「救うよ」とか、そんなこと簡単に言えない。だって無理でしょ。ぼくがそこに助けに行ければいいけど行けないし、「幸せにする」って言うのは簡単だけど、そういう無責任なことは言えない。だから、ぼくを見て学んでほしい。ゆきむら。みたいになりたくないから勉強頑張ろう、とか、そんな風に思ってくれてもいい(笑)。

あと、逃げるが勝ち、進むが勝ちっていうことも知ってほしいし、現実を見てほしい。人の言葉に左右されないで、強くなってくれればいい。

# これからの目標

今は自分がたどり着いた理想の場所ではあるんだけど、この活動はゴールがないから難しいな。

邪道を王道に変えたい。

否定されてきたことしかないから、常識を覆したいって思う。時代もブームも変わりやすい今、一過性で終わりたくないし、この界隈でぼくくらい尖ってるやつを知らないから、自分が何かの突破口になれるっていう自信しかないんだ。コンプレックスしかないから、ダメなやつのままでも進んでいけるって証明したい。欠けてる自分も好きだし、それが個性だと思うし。まだゴールじゃないけど、ここまで来られたので……。

インターネットって、なりたい自分になれる唯一の場所なんだ。死生観、価値観、自分らしさを否定されない世界。インターネットだけでも深く息ができる時代を作りたいな。

## 名前の由来

最初は正直なかったんだけど、1stミニアルバム『The Night』で『決戦エンドレス』の作詞をしたときに、題材で「真田幸村」っていう自分の名前に似た武将を知ったんだよね。生き様が自分の活動人生と重なるところがあって、なんか「あっ、ゆきむら。って、けっこう深い名前かもしれない」って思い始めてる(笑)。

## 好きなこと

自分を貫くこと。

## 嫌いなこと

自分に嘘をつくこと。

## 自分ってどんな人？

座右の銘は「死にたいより殺したい精神で行こうぜ」。そこにすべてが表れてる。

### Another

この活動において、優しさで人に道を譲ってしまうと、恩を仇で返されることもけっこう多くて、そんなときこの世界で、自分の選択に後悔したくない、「死にたくない」っていう気持ちが強くなっていったんだよね。だから、生き残りたいなら手段を選ばずにやるしかないって思うようになったし、誰かの意見を殺すってことだとも思っていて、自分が人に何かを言うってことは言われる覚悟があるっていうことにもなる。

そう考えると、やっぱり「殺られる前に殺る」。綺麗事だけじゃどうにもならない世界があるって、ぼくは強く感じるんだ。

# メンバーが語るゆきむら。

### ばぁう

「歌い手」ってイメージだったけど、今は「芯」。人に嫌われるようなことも言えるからこそリスナーからも信頼されてる。信頼とか芯っていう言葉が似合う。最高のライバル。関係ないが(笑)、お前には幸せになってほしいよ。

### そうま

言いたいことを言ってくるやつだし、なんでこんなに嫌いなことを「嫌い」、好きなことを「好き」って言えるんだって思った。嫌いなことを言われたり愚痴られたりって普通の人なら嫌だなってなるんだけど、俺の場合はいろんなことを言ってくれたからこそ思ってることもわかるから、人間らしいって感じたんだ。すごく正直なやつ。ずっと変わらない。

### しゅん

ひとりで活動していて誰にも興味がなかったとき、唯一かっこいい活動をしていると思っていた存在。かかわることは一生ないと思っていたから、今一緒に活動できているのは素直にうれしいよ。

### まひとくん。

最初の印象は、正直……怖そうって思ってた(笑)。でも活動に対する真剣さは、ゆきむの放送ですごい伝わってきてたから、いつか活動の話をしたいなって思った。今の印象は、一緒にいて尊敬できる。ゆきむは嘘がないから、どんな人よりも信頼できる。

### てるとくん

初めは少し怖い人なのかなって思ってた。だけど活動に真っすぐで本気でかっこいいんだ。まぁ今でも怖いときあるけど(笑)。

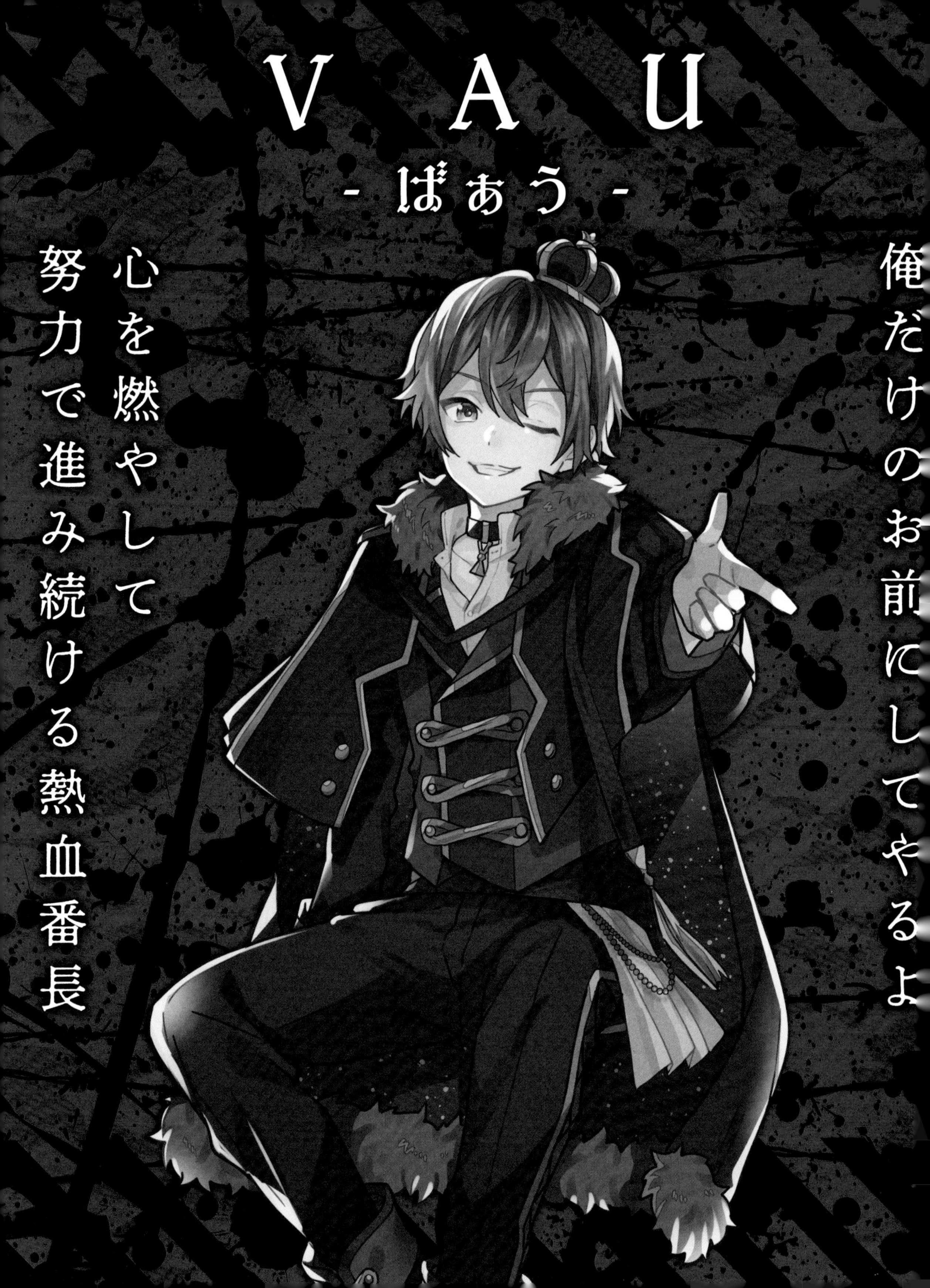
VAU
-ばぁう-
俺だけのお前にしてやるよ
心を燃やして
努力で進み続ける熱血番長

Interview

# 活動を始める前の自分

歌うことが好きだったし、それこそ中学生くらいから、ネットで歌とかを上げていたことはあったんだけど、誰からも評価はされなかったし、自己満足程度だったんだ。4、5年前……「ばぁう」としてネットで活動を始める前は社会人だった。大学を卒業して、社会人になって。でも、業務内容が合わなくてやめてしまった。よく「どんなことでも、3カ月は頑張れ」って言うじゃん？ 俺もそれを信じて、3カ月は頑張ってみたけど、結局、自分とは合わなかった。そのときの自分に言いたいのは、「やめるなら3日ぐらいでやめとけ」ってこと（笑）。そのほうが相手のためにもよかったんじゃないかなって思ったよ。

「ばぁう」としての活動を始める前は「夢」もなかったし、生きがいっていうものもなかったと思う。なんのために生きてるんだろう？ って考えてた。

# 活動を始めたきっかけ

会社をやめてから、カラオケ店でアルバイトをしながら「ばぁう」としての活動を始めた。それがちょうど5年前。歌が好きだったから、「歌ってみた」を頑張りたいっていう理由で始めて、最初の1年間はがむしゃらに、生放送をしたりとか、Twitterでの30秒の歌ってみた動画をアップし続けたりしてた。ばぁうとして活動を始めて、今はいろんなことが報われたように思うよ。夢もあるし、あのときに仕事をやめてよかったなって思う。

# 活動を始めてから

Twitterで歌を上げたり、ツイキャスで配信をしてみたりしたんだけど、そのときの閲覧数はだいたい20人～30人ぐらい。始めてからの1年は、まったくスポットライトが当たらなかった。来てくれる人も減っていって、5人とか10人とかになることもあった。本気で活動をやるって言ったけど、自分には才能がないんだなって感じたよ。もし、声がいいのであればそれは評価されるだろうし、閲覧数も増えていたはずだから。

そこからが自分の中の分岐点ではあるのだけど、ここから3カ月やってうまくいかなかったら、この活動をやめようって決めた。社会人に戻って家庭を持つとか、そういう幸せもいいのかもしれないって……。中学生からずっとネットでの活動をしていたから、危機感を持つためにそう決めて、3カ月本気で頑張ろうって思った。

最初の1カ月は、何もうまくいかなかった。2カ月経ったあるとき、てるとくんがミックス(歌と声を合わせる作業)をしてくれる人を募集していて。そのころのてるとくんは、俺の何倍も閲覧数があるめちゃくちゃ人気のキャス主でね。俺はずっと、てるとくんのリスナーだった。ガチファン(笑)。絶対に繋がりたいと思ったから「てるとくん、好きです」「俺、ミックスできますよ!」ってストーカー並みに猛アピールしたんだ。てるとくんも俺の活動を知ってたらしくて、そこからいろんな話をするようになった。「ばぁうくんだから、こういう風にやってみたらいいんじゃない?」とか、アドバイスをくれたりして。そういうきっかけから自分自身が開花したかなって! そこからが俺の始まりだと思ってる。

今の俺があるのは、てるとくんの存在のお陰でもある。活動者、ツイキャス主、ネットで声で活動してる人として認知されるようになったのは、そのタイミングだったと思う。

# Knight Aになると決めたときのこと

これまでいろんな人とかかわって来たけど、活動で本気になれるやつらっていなかった。でも「こいつら、本気になれるんだな」って思ったよ。何より、こいつらとだったら勝ちに行けるって思えたし、こいつらとだったら自分が成長できるって感じた。

もともとは、ゆきむら。と俺とで一緒にやらないかって話をしてたところからかな。俺はゆきむら。のことを認めていたし。そこから俺は、てるとくんに声をかけて、ゆきむら。はそうまに声をかけて……っていうのが始まり。Knight A を組むときに俺は言ったんだ。「ありきたりはつまらないから、俺たちが歴代初を叩き出す」って。今は「言ったからにはやってくれよ、お前」って自分にプレッシャーかけてるよ（笑）。

Interview

# 活動で大切にしていること

俺は今まで、すごく劣等感を抱えてきた人だったんだ。自分の顔も好きじゃなかったし、肌が白いのも嫌だった。声が高いのも嫌だったしね。だから、自分じゃない他人の人生になろうとして生きてきたけど、自分の人生として生きたいなってあらためて思えた。

ばぁうになって最初のライブをやったときに、初めてリスナーの顔を見たんだ。俺のためにスケジュールを空けて、お金を払ってチケットを買って、おめかしをしてくれて。そこまでして俺に会いに来てくれる人がいるんだって……。そこで初めて、自分に対して価値があるんじゃないかって思えたんだ。好きだよって、笑顔を見せてくれる子がいて「俺はこれをやるために生きてきたんだ」「ばぁうになるために生まれてきたんだ」って実感したんだよね。それからは、他人の人生になろうとするんじゃなくて、やりたいことを貫き通して、自分の人生を生きたいって思った。俺は俺の人生を生きるって。

声はネットで活動していくうえで必須だし、武器だと思う。俺は世界でいちばん声を認められたいんだ。声という分野で自分ができるものはすべてやっていきたいし、声という分野で世界をとりたいっていうのが今の目標。

中学生のころは、自分の声とか歌声とか容姿とか、コンプレックスだらけだった。今は、自分のことをポジティブに言葉で伝えたりできるんだけど、そのときの自分はすごいネガティブだった。ネットで活動している歌い手さんとか声優さんとか、すごくいい声の持ち主がいっぱいいたし。歌は好きだっただけど、音痴だったから友だちとカラオケに行っても、バカにされたり耳を塞がれちゃったりすることもあった。声が高いことも、男の子としてはすごく嫌だった。褒められることもあったけど、素直に喜べなかったんだよね。何度もわざと声を枯らしたりとか、声を低く低くしてみたりとか、憧れていた歌い手さんや声優さんの声マネをし続けたり、血反吐が出るくらいまで練習した。俺は才能がある人間じゃなかったし、できないことは努力で埋めてきたつもり。努力しなくちゃ今の声にはなれなかったから。だから「才能」っていう言葉があんまり好きじゃない。そのひと言で、今までのすべてを否定されてるような気がして……。最近は自信を持って、俺だから「才能」あるでしょ？って言えるようになったよ。君のお陰だ。これからも掴んで行くよ。唯一無二の俺の声を。

# Interview

## リスナーさんに伝えたいこと

昔の俺みたいに、他人の人生は生きてほしくないって思うよ。ネガティブだった俺だけど、お前（リスナー）が好きだと伝えてくれる言葉のおかげで、自分のことを好きになれた。むしろ、こういう俺だから好きになってくれたんだなって、思わせてくれたんだ。自分自身の「好き」は信じられなかったけど、お前の「好き」は信用できたから。今はコンプレックスを抱えている子も多いと思うんだ。でも、いつかそれが武器になる日が来るかもしれないってことは伝えたい。自分がそうだったから。他人にどう言われようと、好きなものや楽しいと思うことはやり続けてほしい。幸せは他人の中じゃない、お前の中にあるから。

# VAU

「私は何百人何千人の中のひとり」って思うかもしれないけど、いつだってお前が伝えてくれてる声があったから、俺は自信が持てた。俺にそう思わせてくれたみたいに、お前にも価値がある。お前の存在には意味がある。俺が証明してやる。

俺は、俺のことを好きでいてくれている子を「お前」って呼んでいて、「自分のものだ」って言ってるんだけど、人をもの扱いするって、普通の人からしたらひどいことだよね。でも、「俺のもの」っていうのには意味があってさ、ほんとに自信がなくなって、自分のことを傷つけちゃうようなときに「自分は、ばぁうのものだから」って思い出してほしい。俺のものだから、自分を大切にしてほしいっていうこと。俺はお前の「好き」を信じて、自分が好きになれたから。お前も俺を信じて自分のことを大切にしてほしい。もし誰も認めてくれなかったとしても、俺が認めてるから。

# これからの目標

世界でいちばんいい声を手に入れたい！ そして、夢は火星ライブ。

自分にしかできないことをやっていきたい。他の人から見てもリスナーから見ても、きっと無理だっていうことも成し遂げていきたい。

今まで自信がなくてコンプレックスだった自分の声でも、好きなこと、やりたいことを続けて自分の人生を生きてきたら認められるようになった。周りからバカにされたとしても、自分が信じたものの先には、すごいことがあるって思わせたい。

今のうちに推しとけよ。後悔するぞ。

# PROFILE

## 名前の由来

パッて浮かんだんだ。ちっちゃい「ぁ」は入れたかった。あと、「ばぁう」のローマ字表記は普通「B」なんだけど、それを「V」にしたのはチャームポイントかもしれない。

## 好きなこと

リスナーで遊ぶこと。
振り回すこと。
エッチ。
演技をすること。
自分を高めること。
歌を歌うこと。

## 嫌いなこと
立場をわきまえていないリスナー。

## 自分ってどんな人?
# 圧倒的なイケボ。

### Another

声については俺を超えるやつはいない。もちろん「歌ってみた」も、俺が納得してオンリーワンだなって思わなかったら上げていない。俺はけっこういろんな声が出るから、自分にしか出せない味とか唯一無二を意識しながら歌ってる。要は、妥協は絶対にしない。

「声」についてこだわってる部分も、自分の好きなところ。そう決意して活動していたら、リスナーが俺の存在を認めてくれた。だからこそコンプレックスだった声が自分の武器になったんだ。

No.1かつオンリーワン!

# メンバーが語る ばぁう

### ゆきむら。

実際に近くで見たら、女の子に喜んでもらえることや、演じることに対して本気でストイックに向き合ってた。声ひとつ、演技ひとつにめちゃくちゃこだわってる。だから、同じ船に乗りてーなって思ったし、悔しいけどいちばんかっこいいと思ってるよ。

### しゅん

個人で活動しているときからリアルでの交流があって、「お互い活動頑張ろう」とかそういう熱量のある話をしたんだ。あとで「尊敬し合える人間だと思ったし、俺はほんとに認めた人間にしかそういう態度はとらない」みたいなことを聞いてうれしかったな。今でもスタンスが一貫している男だって思う。

### そうま

とにかく熱い。赤だけに。目の前の壁をぶん殴って破壊していくイメージ。「お前の言ってる主張はいらねぇよ！」くらいな感じで(笑)。そして最初、声が圧倒的だなって思った。特徴的で魅力的。ネットの活動って声が大事だから、そのとき確信した。こいつは何か残すやつだって。

### まひとくん。

5人とも最初は優しすぎて怖かったっていうのが正直な印象なんだけど……特にばぁうくん(笑)。

### てるとくん

活動に本気でストイックなばぁうくん。ひとつひとつこだわりがあって熱い。声もすごくいいんだ。最高の男として認めざるを得ないね。

SOMA
-そうま-
両親の夢も、俺の子たちの夢も
背負ってるから
きっとこの先も
ずっと走り続ける

Interview

# 活動を始める前の自分

昔から、一度決めたことはやり遂げるってところはずっとあった。何かに集中しちゃうと周りが見えなくなる一途タイプ。性格？ 気が付いたら周りに人が集まってたなぁ……魅力があったのかも(笑)。

# 活動を始めたきっかけ

友人から言われた「声がいい」って言葉がこの世界に入るきっかけになった。そいつはアニメが好きだったんだけど「お前、声優やれば？」って（笑）。最初はバカにしてたけど、声だけで人の心を動かすってすごいことなんだって感じて……俺は直感ですぐに単身上京して養成所に通って、猪突猛進、声優を目指し始めたんだ（笑）。

バイトをいくつかかけ持ちしながら、絶対主役になるんだっていう気持ちで挑んでいたんだけど、実際数え切れないくらいオーディションに落ちまくってた……。もう諦めようって、地元に戻ったこともあったけど、それでも心の中では「俺はやれる」って家族と話をしてたっけ。

6、7年頑張ってたんだけど、それでも現実は厳しくて……。ちょうどそのときにネットの世界を知って、自分の声をネットに投稿したのが新しい俺の誕生かな。

# 活動を始めてから

俺の声に喜んでくれる子たちがいて、初めて「俺の声って伝わるんだ」って、気持ちが少しずつ変わってきた。バカにされてきたこともあったけど、ひとりでも多くの子が俺の声を待ってるなら、このネットで届け続けようって決意した。ひとりよがりじゃなくて、俺の声が、誰かの生きがいに繋がってるって感じることが、応援してくれる子たちを通じて伝わって来る。気が付いたら、もう俺だけの声じゃなくなってたんだよね。

今は毎日が挑戦の日々で楽しいよ。

赤裸々に話すけど……つらかったのは女性関係で炎上してしまったときかな。賛否両論いろんな声があったし、本当に適当なことを言う人もたくさんいる中で、それでも応援してくれる子の言葉が今でも忘れられないんだよね。「どんなことがあっても、あなたを受け入れる」「すべてがあなたの活動だから」「やめないで」っていう声が心に響いて、活動をやり続けようって思えた瞬間だった。

俺がこれまでやって来たこと、これからやっていくことは嘘じゃないし、何を言われても俺ができることを全力でやっていくよ。この本をちゃんと手にとって見てくれてんのかな……。

# Knight Aになると決めたときのこと

もともとは、ひとりひとりが別のジャンルで活躍しているメンバーだったんだよね。最初に出会ったのがゆきむら。

ゆきむら。とは11年間くらい一緒にいる。たまたま知り合って、それからずっと一緒にいるけど、気が付いたらあいつだけになった(笑)。でも、俺の陽キャな部分は嫌いだったみたいでさ(笑)。長い間一緒にいて、喧嘩もしたし、連絡がとれなくなったりもしたし、いろいろあったけど、今は本当に仲間を超えた存在。死ぬまで一緒に活動をやっていく同志って感じかな。

グループでは「リーダー的な存在」って言われることがあるんだけど、嫌いなんだよね。みんながそれぞれできることを全力でやろうって言ってるんだけど、俺は単純に人とコミュニケーションをとるのが好きだから、そう思われるんだろうな。まぁでも、やっぱり頼られると……うれしい（笑）。

自分で言うのもなんだけど、もともと誰にでも優しい性格なんだよね。自分が傷つけられたくないからっていう気持ちもあったから。でも、思っていることを言わないのは違うし、今は、この5人には嫌われてもいいから、思ったことを伝えようって決めてる。感情のままにぶつけることもあるね。だって、このメンバーだから（笑）。自由なんだよ！ もう、しっちゃかめっちゃか！

でも、逆に言うと、なんでも言い合えるいい関係なんだよね。

# 活動で大切にしていること

俺は、ファンの子のことを「ファン」って言いたくなくて、「リスナー」というのも少し違う気がして「俺の子たち」って呼んでる。常に「俺の子たち」のことを考えてるから彼女みたいだね（笑）。デートと同じ感覚。行き当たりばったりでも、プランを立てても絶対楽しい。それくらい大事な存在なんだよね。

メンバーとは、何かあったら連絡しようって決めてるくらいかな（笑）。あとは、とことん話し合う。わからないことや嫌なことがあったら、我慢しないでとことん話そう、全部出そうって言ってる。喧嘩も多いし、なぜか俺が急に巻き込まれることもあるけど（笑）。喧嘩したり、意見が違ったりしても、それは「俺たちの子」のことを考えているからこその話というか。だから、そんな出来事も全部、配信でみんなに伝えたりするんだよね（笑）。いい意味でライバル同士でもある俺たちが、そうやって向き合って切磋琢磨することで、より活動にプラスになると思ってるよ。

SOMA

# リスナーさんに伝えたいこと

気持ちって目に見えないから「言葉」にしてほしい。SNSでもいいから言葉にして、思いを「かたち」にしてほしいな。「かたち」が好きなんだろうね。

人に左右されずに、自分の好きという気持ちを大事にしてほしいって俺の子には伝えてる。

学校とか仕事があって、疲れて帰ってきたときに、抱きしめてあげられるような……。本当、恋愛だよね。俺は、圧倒的な彼氏だね。もちろん男性リスナーにも……（笑）。

そんな子たちとここまで来れてよかったよ。胸を張って俺のことを好きって言えるように、これからも前に進んでいくから、ちゃんと俺の手を離すなよ！

# これからの目標

神。そして世界の頂点を絶対とる。

俺、両親をふたりとも亡くしてるんだ。最初は活動に反対していたんだけど、本気でやるんだっていう俺の気持ちを伝えていったら、「最後まで自分を貫き通してね」って言ってくれて、応援してくれるようになった。実は、この前の横アリのライブにもふたりの写真を持っていってた。だから、世界を制覇して俺の姿をふたりの墓に飾りたいな。もう、うしろで見守ってたりしてね(笑)。

両親の夢も、俺の子たちの夢も背負ってるから、俺はずっと止まらない。止めてもやめない。後悔ないように、思いを届け続けていきたい。

## PROFILE

### 名前の由来

気が付いたら
そうまだった。
ただそれだけ。

### 好きなこと

お前と遊ぶこと……。
何とは言わないけどね。

## 嫌いなこと
お前が悲しんでることかな。

## 自分ってどんな人？
見たままの俺がすべて。

## Another

俺はかたちが好きなんだ。よく「私は何も言わないけどあなたのこと思ってる」とかあるけど、わかんないんだよね、かたちにしないと。だから「好き」だけでもいいから言葉でしっかり思いを伝えろ！って言いたい。今回のこのファンブックも「かたち」なんだ。俺のことを胸を張って「好きだよ」って言えるアイテム、宝物のひとつだと思うから、大事にしてほしい。

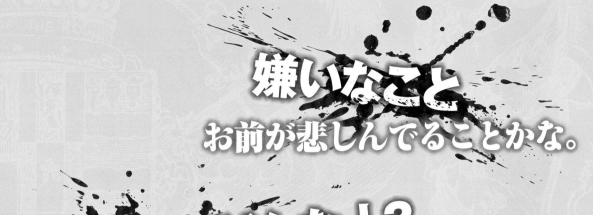

# メンバーが語る そうま

**ゆきむら。**

最初に会ったときの印象は「陽キャ」。自分は陽キャ嫌いだから、誰にでも優しくする偽善者だと思ってたんだよね(笑)。でも今、10年ぐらいの付き合いなんだけど、すごく成長しているし、ほんとの意味で優しい人だなって感じる。自分の中では勝手にすごく認めてるから、必ず幸せを掴んで最強の「漢」になってほしいと思ってる。

**しゅん**

親しみやすくてよくしてくれるんだけど、ひとつすっげー嫌だったのが、バラードを歌うこと。バラード嫌いなんだ。しかも、めちゃくちゃうまい(笑)。あとは、なんかすごく俺のことを知ろうとしてくるんだよね。一緒にいて楽しいなって思える存在かな。

**ばぁう**

「陽キャ」って思ってたけど、太陽のような包み込むような優しさを持ってる。太陽の「陽」が陽キャみたいなイメージがありつつ、そうまがいるだけで士気が上がったり明るくなったりする、ほんとに太陽みたいな存在。

**まひとくん。**

警戒しちゃう人間なんで、優しくて裏があるんじゃないかなって考えてしまってた(笑)。

**てるとくん**

人見知りの僕が、唯一すぐ友だちになれた人間(笑)。頼りがいがあって、僕のお兄ちゃんみたいなんだ~。優しいけどかっこいい。それがそまちゃ!

SHIYUN
- しゆん -
ありのままを届けていきたい！
常に上を目指し続ける
愛すべきナルシスト

Interview

# 活動を始める前の自分

めちゃくちゃガリ勉だったんだ。勉強が好きとかそういうわけじゃなくて、出身が九州のクソ田舎で、スポーツに関心がなかったし、他に打ち込めるものがなかった。今と違ってインターネットでの娯楽もそんなに一般的じゃない時代だったし。やることがなくて、家の方針的に「勉強はちゃんとやっときなさいね」みたいな。クソガリ勉で、そこそこ優等生な高校時代を過ごしてたんだ。

でもなんか、どっか自分の居場所はここじゃない、みたいなぼんやりとした感覚はずっと持って過ごしていて。でも何もできずにいた。これってけっこう共感できる子は多いと思うんだ。ほんとはもっと特別な存在なはず、みたいな。

# 活動を始めたきっかけ

最初は高校生のとき。当時、「歌ってみた」って今と違ってアングラな扱いだったんだよね。今だったら、もしかしたら休み時間にキャーキャー話せるようなコンテンツかもしれないんだけど。俺のときはクラスの端にいっつもいるようなのが数人固まって話す、オタク文化的な扱いだった。当時、仲よかった同級生のひとりと「歌い手っていいよね」っていう話をしていて、自分が歌い手になるんだったらこういう風にしたいよねみたいな妄想トークをずっとしていたんだ。歌い手とか歌ってみたっていう文化を知ったのもその友だち繋がりだったんだ。

大学に進んでひとり暮らしをして、歌を歌うことに打ち込める環境になって、さらにのめり込んでいった。自分が頑張る場所というか、やっていく場所はここ、みたいな意識はすぐ芽生えたんだ。熱が入ってからは大学もやめちゃった。

「たくさんの人を幸せにしたい」とか、「自分の歌を聴いてくれる人に笑顔になってもらいたい」みたいなことは、自分の中にはあんまりなくて、単純に「人気者になりたい」「大物になりたい」っていうモチベーションで始めたんだ。

# 活動を始めてから

当時はひとりでひたすら歌を歌って録って投稿する、みたいな感じだったんだけど、それがすごく楽しかった。自分で作ったものがかたちになることがまずうれしいってところからスタートしたんだ。今でも活動の中で面白いなって思えるのは、自分の歌がかたちになったタイミングとか、録音に打ち込んでる時間なんかがやっぱり楽しい。あとは、自分の意志をリスナーに伝えて共感してもらえた瞬間とか。自分の日常の一部がリスナーとともにある、みたいな感覚はすごく楽しいなって思うよ。

もちろん悔しい思いもしている。自分は欠点だったりマイナス面が気になるし、重く扱っていきたいってところがあるから欠点に目がいきがちなんだよね。活動に関しても、フォロワー数では勝ってるけど、この部分は負けてるよねみたいなものが1個でもあると「勝った」とは思えない。やるなら全部勝ちたいっていう思考が強いから、悔しいっていう思いは常に付き纏っている感じはある。

自分は『すとぷり』のメンバーだったんだ。結成当初は一からのスタートで、しかもネット文化の中では新しいスタートだったこともあって、いろんな目線で見る人がいたんだよね。「しゅん最近あれどうなの？ すとぷり？」みたいな小馬鹿にしたような反応もあったんだ。話のタネにされているような感覚は一生忘れないし、今でもその悔しさはモチベーションになってる。そういう意味ではありがたいかもしれない。

逆にうれしいのは、素の自分がリスナーに受け入れられて喜ばれる瞬間。それって自分の全部でしょ？ 歌を聴いてもらえたときとか、配信がよかったとか、ライブがよかったとか、そういうありのままの自分がリスナーに好かれてるって実感するとき、本当にうれしい。

# Knight Aになると決めたときのこと

すとぷりを卒業して、人とかかわることはないなって。そこからしばらくソロでやってたんだけど、そのときに目立って見えていたのがゆきむら。とか、そうま、ばぁうちゃんだった。ツイキャスの界隈は狭いっていうイメージがあったから、きっと向こうも自分が今何をしてるのかはうっすらは知ってるんだろうなっていう意識はあったんだ。お互い話すことはないし、かかわることもないんだけど、なんか同じところを走ってるみたいな感覚は好きだなって思ってた。

それが、たまたま顔を合わせる感じで知り合って仲よくなって「俺たちでグループやらん?」みたいな流れになったんだよね。きっかけはそういうバイブスというか「波長が合ってる」みたいな感じだった。自分は誰かと活動するのはもううんざりだなって思ってたけど、唯一この人たちなら一緒にできるっていうのはあったんだ。早い段階で「ここで生きてここで死にたい」っていうテンションになってた。

最近知ったんだけど、ゆきむら。はバチクソ疑ってたらしくて(笑)。「ほんとに大丈夫なんですかあいつ?」って。そんなときに、ななもり。さんが「じゅんくんは大丈夫だよ」って言ってくれたらしくて、それがもしかしたらゆきむら。の中の決断のひとつになってたかもしれない。人に恵まれたなって、本当にうれしかったよ。

Interview

# 活動で大切にしていること

Knight Aとして活動するに当たって、活動スタンスは変えようって決めたんだ。ネットの活動って、まず、キャラクター作りみたいなところから始まると思うんだけど、各々頭の中に動画投稿者のイメージがあると思うんだよね。「みなさん初めまして」から入って、スタンスとしては「こうやって自分のことを見てくれてる子たちがひとりでも笑顔になって勇気をもらえるように」みたいなことを言って「リスナーさん大好きだよ」っていうテンプレがある。

個人での活動をスタートしたときって、こういう感じだよねってやってたんだけど、今ひとつ満足感が得られなかったんだ。演じてる一面があって、ひとりの人間としてはどうなの？ みたいな気持ちがずっと心のどこかにあった……。Knight Aとしてスタートするときに、「命を預けてやってくうえでもそれをすんの?」っていう自問自答というか葛藤があったんだ。

# SHIYUN

だから活動スタンスを変えようって思った。なるべくありのままの素のスタンスを大事にして、自分というコンテンツを全部ひっくるめて好きになってもらおうとしたんだ。いちばん変わったことはそこだし、変えて正解だった。今後も絶対にこのままでいたいし、素の自分をどれだけかっこよくできるか、崇高な存在にできるか、磨いていけるか、って思っている。嫌いなものは「嫌い」って言うし、うざいときは「うざい」って言うし、死んでほしいときは「死ね」って言うし……。もちろん死ねっていうのは間違いなくマイナスなんだけど、それも自分なんだ。それとは別にかっこいいプラスの自分もいる。プラマイひっくるめてプラスだったらいいじゃんっていう考えで生きてるかな。マイナスだからって、そこを隠したくないんだ。

# リスナーさんに伝えたいこと

どうしても「自分のことを見てくれてる子が幸せに」みたいなモチベーションで活動できないんだ。やっぱ、まず第一に自分がかっこよくありたい。そして、ありのままの自分で活動して、それを好きになってもらえたらうれしい。本当に等身大で愛してもらえてるって感じるし、心地いいし、リスナーに対して「好き」って伝えるうえでうしろめたさが何もない。やっぱり、ありのままを発信してる自分を好きになってくれてる子たちって、自分の中ではとても貴重で、大事な存在なんだ。

たぶんリスナーの子たちは悩みとか多いと思うんだ。学校のことだとか、家庭のことだとかもだけど、今はネットでのコミュニティーがすごく大きくなってるから、そこでも悩んだりとか……。インターネットっていろんな人間が身近になったからこそ、夢とか目標を掲げるのが恥ずかしく感じちゃうところもあると思う。自分がそういうものをぶち破っていくことで、自分のことを好きでいてくれる子たちの背中をちょっとぐらいは押す助けになれたらなって思う。その子たちにとっての目標というか光みたいな存在になれたらいいなっていうのが、ちょっとあるかもしれない。ちょっとだけ。

# これからの目標

すごいシンプル。ありのままの自分でいちばんになり続けること。全世代の人に「かっこいい」って認めさせたい。自分のことが好きな子以外の普通の人たちからも「かっこいい」って思われたい。共通認識にさせて、「かっこいい」の概念になりたいんだ。

PROFILE
名前の由来
実家で飼ってた
インコが「しゅん」
っていうんだ。
好きなこと
活動。

## 嫌いなこと

やりたくないこと全部。

## 自分ってどんな人？

天上天下唯我独尊。

## Another

実は、名前の由来は毎回適当に答えてるんだよね（爆笑）。そこにこだわりはない。でも、そういうのが好きなところがあって、例えば今の担当カラーの緑もこだわりがあったわけではなく、自分のデザインにいちばん合う色がそのとき緑だったってだけ。それでもこの緑を掲げてリスナーと活動を続けて、今では自分にとって欠かせない色になっている。何もない状態から思い出とかを重ねていって、それで自分のステータスが構成されていくのもなんかいいなって思うんだ。

# メンバーが語る しゆん

## ゆきむら。

1度ゴールデンチケットを逃した人間というか、崖っぷちというか……。1回上がってガンって落ちた人間の強さっていうのをしゆんには感じていて、活動に対して腹をくくってるなって思うし、真剣さは誰よりもあると思っている。

## そうま

未知の可能性をいちばん秘めている男。そして俺の唯一の相方。こいつのことを知れば知るほど面白い発見があったり、好きだなって思えるところが増えたりしていく。ユーモア溢れる一方で、歌もそつなくこなす天才。なんと言ってもビジュアルがいい。気が付いたら心は彼のものになっているかもしれない。

## ばぁう

「歌ってみた」に対しては誰よりもストイック。高い声や低い声、さまざまな歌い方でリスナーを魅了する。個性という物に対してすごく探究心があり、ゲームでもなんでも案外負けず嫌い。でも、俺はしゆんが「自分まがい」なことでムカついてるところを見たことがない。器がでかい男だと思ってる。

## まひとくん。

とにかく謎が多いイメージ。かかわってからは、独自のナルシズム(個性)に対してめちゃくちゃこだわりを持っていて、本当に尊敬できる。そして、何より心が広い。

## てるとくん

初めは何を考えてるか全然わからなかった。でも自分と考え方が似てることや、活動に対する本気の思いを知っていくうちにすっかり仲よしになっちゃったね(笑)。

TERUTO
-てるとくん-
仲間と切磋琢磨して
夢を追いかける
新しい自分は
誰よりもかっこいい

Interview

# 活動を始める前の自分

ネットで活動を始める前は、やりたいこととか夢は一切ありませんでした。学校に行きながら見つかるものかなと思っていたけど、ぜんぜん見つからなくて……。

正直すごくつまらない毎日が続いてました。学生のころは人間関係に悩まされていて引きこもってしまっていたこともあって、自分にまったく自信を持てなかったんです。

# 活動を始めたきっかけ

友だちがインターネットで生放送をしていたんです。その友だちに「楽しいからやってみなよ」って言われたのがきっかけでした。「じゃあ、1回だけやってみようかな?」って(笑)。

初めて生放送をしたら、知らない人が僕のところに3人見に来てくれたんですよ。たった3人かもしれないけど、それが自分にとってすごくうれしくて。なんだか気が付いたら次の日もその次の日もって、毎日やってました(笑)。もともと「歌ってみた」は好きで、たまに聴いていたんですけど、生放送はあまり見たことないのに自分でやってみてハマってました(笑)。日々、活動をするたびに、どんどん本気になっていって、インターネットでの活動に魅了されました。

それまで本気になったことが部活しかなくて、学校も休んじゃったりしてその夢も諦めてしまった経験があったんです。リスナーさんに楽しいことを届けて自分も楽しい気持ちになれる。これ以上にない幸せなことだし、「これは、僕にしかできない」って思った瞬間、「僕のやりたいことはこの活動だ」って決心しました。

## 活動を始めてから

初めはわからないことだらけでした(笑)。

もともと人と会話するのがあまり得意じゃないのに生放送から始めて、リスナーさんにうまく気持ちを伝えられなかったりして……。でも自分が本気でぶつかったぶん、リスナーさんは本気で応えてくれます。たとえインターネット越しでも思いは伝わるし、届くってリスナーさんが僕に教えてくれました。活動とリスナーさんとの出会いは僕の人生を大きく変えてくれました。

僕は活動するために生まれてきたんだ、ここに立つために生きてきたんだって本気で思ってます。

Interview

# Knight Aになると決めたときのこと

最初はみんなでワイワイ集まって「なんか楽しいね（笑）」くらいに思ってました。そんな日々が続いていく中、うれしいことにリスナーさんからの声が多くなって。６人で真剣に話し合って「結成」を決めたんですけど、僕は「このメンバーならいける。こいつらしかいない」って強く思いました。

それくらい最強の６人ですね（笑）。ひとりひとり個性が強いし、尖ってたりするメンバーもいるんですけど、いざというときはやる。６人で同じところに向かってどこまでも走っていけます。

僕はYouTubeでゲーム実況をやっているんですけど、Knight Aになるまではあまりやっていませんでした。興味はあったんですけど、「できるのかな?」とか弱気な自分がいて……。でもそんな中、応援してくれるリスナーさん、背中を押してくれる仲間がいて、始めるきっかけにもなりました。それくらい切磋琢磨し合えるメンバーですね。

# 活動で大切にしていること

自分がやると決めたものは最後までやり切ること。
嘘をつかずに自分が思ってる気持ちをリスナーさんに伝えること。
リスナーさんのことを考えて、リスナーさんを幸せにして、「楽しい」を届けること。
この3つです。

# TERUTO

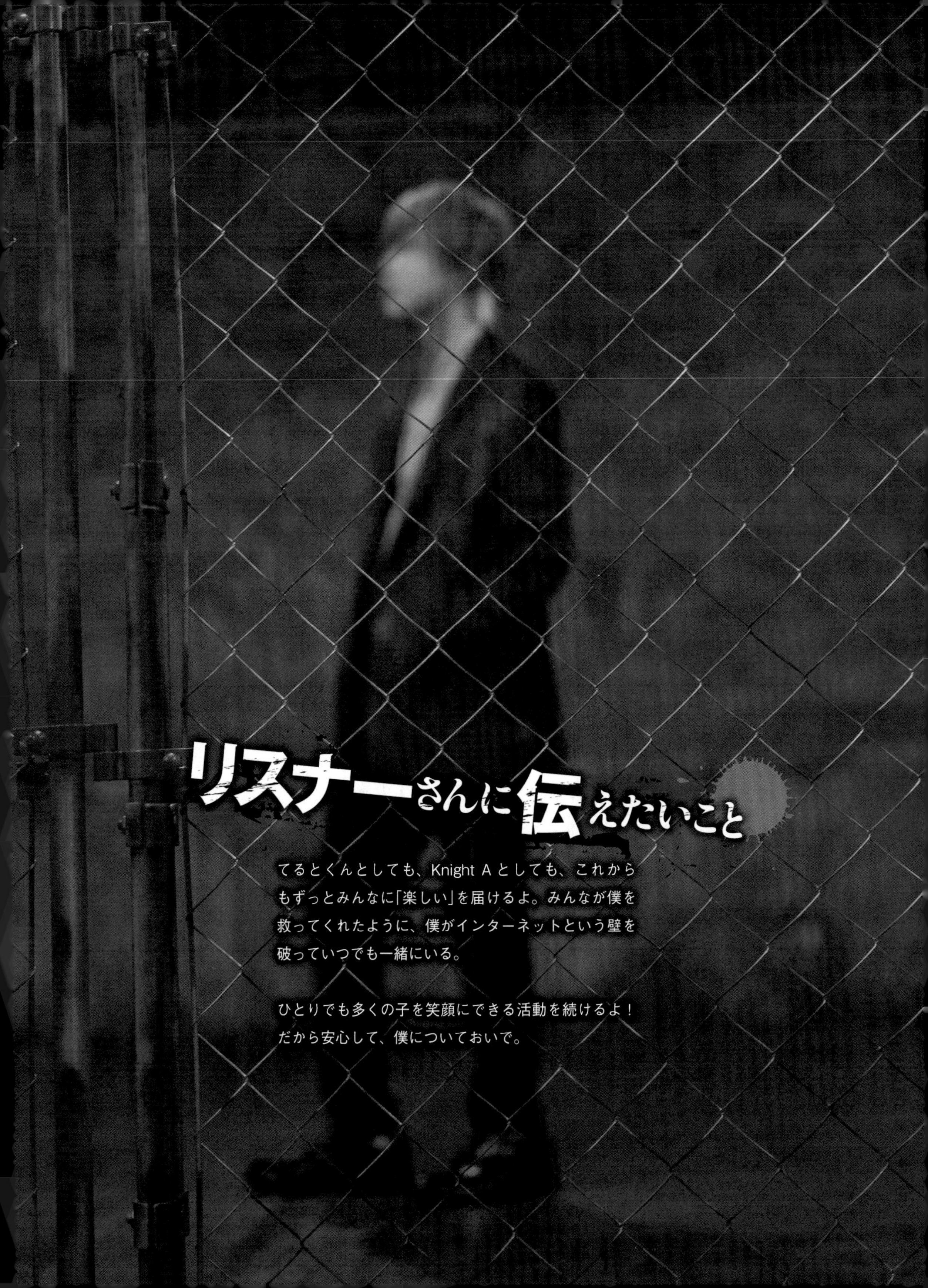

# リスナーさんに伝えたいこと

てるとくんとしても、Knight Aとしても、これからもずっとみんなに「楽しい」を届けるよ。みんなが僕を救ってくれたように、僕がインターネットという壁を破っていつでも一緒にいる。

ひとりでも多くの子を笑顔にできる活動を続けるよ！だから安心して、僕についておいで。

# これからの目標

漠然としたものかもしれないけれど、「楽しい」を届けることだったり、リスナーさんを幸せにすることだったりを、ずっとどこまでも続けたいと思っています。

こういう活動には、ゴールがないと思うんです。だから、自分ができることは精一杯頑張りたいし、1日、1分1秒を大切にして続けていくことが、僕の夢であり目標なんです。

学生、社会人、いろんなリスナーさんがいて、日々たくさんの悩みを抱えていると思います。僕はいつまでもそんな子たちのよりどころでありたいです。

## 名前の由来

生放送を
勧めてくれた
友だちが
付けてくれた。

## 好きなこと

ゲーム。

## 嫌いなこと

学校の勉強。活動に必要な勉強は
すごい好きなんだけど、学力的な勉強がすごく苦手。

## 自分ってどんな人？

かわいくて、かっこよくて、
みんなに笑顔を届ける人。

### Another

僕はYouTubeでゲーム実況をやってるよ！ほんとにゲームが大好きで、好きなことだからこそ「楽しいを届けたい」って思うんだ。最近実況してるゲームは、人狼ゲームの『Among Us』や「どうぶつ」たちと遊ぶ『あつまれ どうぶつの森』だよ！いろんなジャンルのゲームが好き。自分が楽しんでる姿をリスナーさんに見てもらって、みんなに〝楽しい〟を届け続けたい！

# メンバーが語るてるとくん

## ゆきむら。

以前は意思が弱かったように思ったんだけど、何回か自分とぶつかることもあって、そういうときに自分の意見をズバズバ言い返してくるようになったんだ。「僕はこう思うからこれをやってるんだ」っていうのを面と向かって言われたときに、てるとの印象がすごく変わった。今ではいちばん強くなったと感じる。

## ばぁう

俺が伸びるきっかけをくれた人。ツイキャスでてるとくんほどかわいいやつはいない。あざとい、ゲームが神的に上手、極めようって思ったものはすべてを極める。活動当初から絡んでいるけど、歌も活動に対してもどんどん成長している。気配りがとてもできて、それで助けられてきたこともたくさんある。小悪魔少年てると！！！

## そうま

かわいい。ずっとキュートな感じ。ただ、仲よくなっていくと素直だって思えてくる。たまに「は？」っていうことを言ってくるし、いたずら好きな一面もあるし、急に「無理」とか言い出すし……。小悪魔的なんだ。

## まひとくん。

初めて、活動者の中で友だちになれた人。そして、僕に「歌ってみた」を教えてくれて、Knight A に誘ってくれた人。てるとくんほどゲームを極められる人を僕は知らない。てるとくんがいなかったら、僕は Knight A にいなかったかもしれないし唯一無二の相棒。これからもよろしくね!!

## しゆん

見たまんま、かわいい小悪魔系みたいな感じだったから、自分とは合わないかもなーって勝手に思ってた。でも、Knight A で一緒に活動していくうちに、人それぞれツボみたいなもの、物事に対しての考え方が自分といちばん似てるって感じたんだ。初めて自分と同じ感性の人に出会った、みたいな感想をてるちゃんに抱いているよ。

MAHITO
-まひとくん。-
僕と爽やかで甘い世界
作りませんか？
震える足を押さえて、
栄光のステージを
駆け上がった僕

Interview

# 活動を始める前の自分

好きなことにはそれしか見えなくなるくらい、めちゃくちゃ夢中になってストイックになってしまう僕なんだけど、もともとは、何事も長続きしない熱しやすく冷めやすい性格で、興味が出て何かを始めても長くは続かなかった。でも昔から、YouTube で動画を見たりしていて、YouTuber に対する憧れは強くあったんです。

だから、同じこと（この活動）を飽きずに5年以上も続けてることが、単純だけど本当にすごい。あのころの自分を思うと、ここまで継続できているのもそうだし、憧れていた YouTube を主軸に活動しているなんてとても信じられないです。

# 活動を始めたきっかけ

YouTubeはずっと見ていたし身近な存在でもあり、憧れの存在でもあったので、YouTuberっぽい名前で活動を始めたいと思いアカウントを作ったりしていました。最初は見てる側だったんですが、動画を見ると楽しくて、そのうち見るだけじゃ満足できなくなってしまって。僕もこういう人たちみたいに自分が発信する側になって、見てくれる人に少しでも楽しんでもらえたらなって強く思い始めて、実際に投稿してみて……そして、それが今に繋がっています。

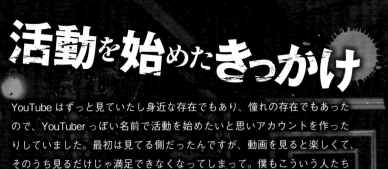

# 活動を始めてから

ゲーム実況の動画を投稿したことが僕の始まりです。2016年2月10日にチャンネルを作成したんですけど、僕、本当に熱量がすごくあって、初日に4本上げたり、20日間で動画を50本くらい投稿したりして。それくらいYouTubeが大好きで……最初は頑張ってたくさん投稿を続けていたんですけど、ぜんぜん数字は伸びなかったんです(笑)。

活動を始めたころは、親や友だちに活動をめちゃくちゃ否定されたし、反対されました。「絶対無理だから」「普通の生活をしたほうがいい」って、会うたびに言われていて……。それがとても悔しくて、だからこそ、いつか絶対に見返してやるんだっていう気持ちもあり、ずっと活動を続けてきました。

最近の話でいうと、いつも見てくれる子から「まひとくん。のおかげで楽しい、生きようと思いました……」っていうDMをいただいたりして、そういう言葉をもらえると本当にうれしくて、これまでこの活動を続けてきて本当によかったって思うんです。僕自身も、自分がしんどいときに支えになってくれたのが、いつも見てくれる画面の前の君の存在だったから。今度は、僕が今このファンブックを手にとって見てくれる君に寄り添っていきたいし、支えになりたいと思ってます。ずっと反対していた両親も、やっと最近認めてくれて……。「すごいね」って言ってくれたので、「この活動やっててよかったでしょ?」って胸を張って言い返しました(笑)。

# Knight Aになると決めたときのこと

てるとくんに「一緒にやろう」って誘ってもらえて入ることを決めました。てるとくんとは昔から仲がよくて、「いつか一緒にグループやりたいね」とか「同じ舞台でライブをしたいね」って3年くらい前から話をしていました。そんな中とある日に……てるとくんから声をかけてもらって即ＯＫしました。迷いとか本当になくて、てるとくんに対する信頼しかなくて。てるとくんが別のグループで活動していたときも一緒に活動したいなって思っていたので、声をかけてもらって本当にうれしかった。

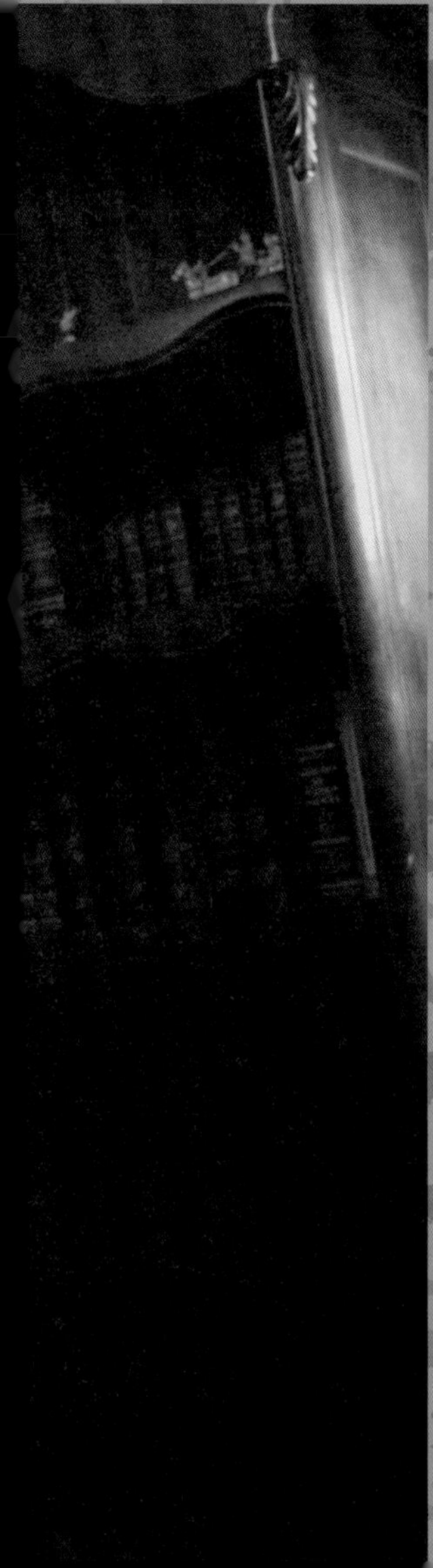

僕はYouTube、てるとくんはツイキャスが主で活動していたんですけど、僕が一時期ツイキャスで生配信してたころがあって。そのときに声をかけてもらったのが、知り合ったきっかけ。てるとくんとはずっとオンライン上で繋がっていたんですよね。

自分の今までの活動にグループの活動が+αで増えて、正直、毎日かなり忙しくなったんですけど、自分の人生により色が付いたような気がしています。自分ひとりでは絶対に達成できなかったライブなどの夢をKnight Aの6人で叶えることができて、めちゃくちゃうれしかったです。そして、このメンバーに出会ってから毎日刺激的で楽しいです。

グループでは、「まひは主人公、勇者だよ」って言われることがあるんですけど、僕が勇者なら、全員を雨でも曇りでも明るく照らす勇者になる！Knight Aのメンバー全員に共通して言えることは、くさいことを恥ずかしげもなく言い合えるいい関係すぎること。

僕はこのメンバー5人が大好き。

Interview

# 活動で大切にしていること

自分の活動のモットーが「いつも見てくれる子たちの毎日に色を」。僕の動画や生放送を見ることで、いつも最前線で応援してくれる画面の前の子たちが毎日“楽しい”“癒される”“なんか元気出る”といった気持ちになれるような活動をお届けしています。

僕もこの活動を始めて、毎日に、人生に、色が付いたからこそ、今これを読んでくれてる君の毎日を絶対、僕色に染めてあげる。僕と一緒に爽やかで甘い世界を作ろう。

そして個人の活動にも、Knight A としての活動にも通じるところなんですけど、何事もマイナスをプラスに繋げる努力をしています。どんなマイナスなことがあっても、僕が落ち込んだところを見せてしまうと、見てくれている子たちも一緒に落ち込んでしまうかなと思って……。だから、そういうところは表には出さないようにしようって決めています。

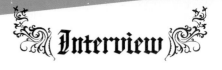

MAHITO

# リスナーさんに伝えたいこと

いつも言ってることなんですけど、自分の「好き」を大切にしてほしいと思っているよ。僕やKnightAの応援をしていると、友だちだったり身内だったり、顔も知らない誰かに何か余計なことを言われて傷つくことがあると思います。でもそんなときは、君が本当に「好き」なものは何かを考えてみてほしいし、どうか自分の「好き」という大切な気持ちを見失わないでほしい。

僕はこれからも、僕の「好き」を大事にこの活動を続けていきます。

それと……生まれたときから、実は家庭環境がよくなくて、その中で自分の好きなことをやり続けた結果……今の僕があるんですけど、過去は確実につらかった。でも僕は引きずらない。

これは動画でも話してるんですけど……。いじめられたこと、親からのネグレクト、いろんなことを経験してきて、一見赤裸々すぎて話さないほうがいいかもしれないけど、僕があえて君に話す理由は同情してほしいとかじゃないんだよね。僕の姿を見てもらって、悩んでる子に少しでも勇気を与えたい。普通に生きてたら経験しないことを経験してるからこそ、そういった悩みを持ってる子に寄り添える。だからこそ、君に伝える。今どんなにつらいこと、嫌なこと、うざいこと、理不尽なこと、いろんなことがあったとしても、ちゃんと自分を信じてやり抜けば、君の未来はきっと明るいよ。

まぁ、僕が今よりもっと明るく照らしてあげる。

# これからの目標

いつも画面の前で応援してくれる君やKnight Aのメンバーと、どこまでも行く。

見てる子たちに、僕の気持ちや思いを動画や生放送に乗せて届け続けるから、目を離さずついてきてほしい。後悔は絶対にさせないよ。どこまでも連れて行ってあげる。 特に、今、目の前で読んでる君とはずっと一緒に歩んでいきたいな。

## 名前の由来

秘密。

## 好きなこと

お話をすること。
映画やアニメを見ること。
僕のことたくさん考えてる君。

## 嫌いなこと

諦めること。野菜。

## 自分ってどんな人？

ないすぅ！座右の銘は「諦めない魔法を使う」。

### Another

普段は、YouTubeで明るくハイテンションなゲーム実況をしていたり、生放送で楽しくお話をしているよ！諦めることがとにかく嫌いで……自分には絶対負けたくない。うれしいこと、楽しいこと、嫌なこと、つらいこと、うざいこと、日々生きてたらいろんな気持ちになると思うけど、全部まとめてハッピーな気分にさせてあげる！

# メンバーが語るまひとくん。

## ゆきむら。

人生の苦難を乗り越えすぎているんだなって……。最年少なんだけど、誰よりも謎な、波瀾万丈な人生を送ってきてるんだって知ってから、人として尊敬する面は多い。だから、YouTuberが嫌いだったんだけど、そんなことはどうでもよくて、逆に、今はまひと自身をすごく見ている。

## そうま

「快晴」がいちばん似合う男。でもただの快晴じゃない。過去、彼は曇りを知り、雷が落ち、雨風が襲った。そんなトラウマをいくつも乗り越えた先に見えた快晴。俺は、こんなに毎日一生懸命生きるやつを他に知らない。これからも彼は幸せでいてほしい。というか俺がする。

## ばぁう

熱量が高く、やりたいって思ったことにはめちゃくちゃストイック。爽やかなんだけど熱が高すぎてたまに赤みを感じることもある(笑)。本当の優しさを知ってる人だと思う。無意識にあざといところを持っていて、一緒にいて幸せだなって思えるそんな人。

## てるとくん

僕がゲーム実況に憧れて始めた、ひとつの理由でもあるのがまひとくん。幸せそうにゲームをして、リスナーさんと一緒に楽しそうにしている姿に惹かれたんだ。目に見えない裏での努力がすごくて、人としても尊敬してる。頼りにしてるよ、相棒！

## しゆん

Knight Aの中で、いちばん真っすぐな性格の持ち主。自分が好きだと思うものに対して素直に「好き」って言えるところは、見ていてすごく気持ちがいいな。

見ていてくれさえいればわかる

# Knight A

## - 騎士A -

## The second part

# The Night

メンバーが語る1曲

## 1stミニアルバム『The Night』

01. 決戦エンドレス
02. Shall we Dance!!
03. Daydream
04. The Night
05. Answer
06. Vampire Knight
07. PLAYER
08. トップシークレット

## Recommended song

### ゆきむら。

### 『決戦エンドレス』

アルバムは聴いているうちに推し曲が変わるんだけど、ぼくが初めて作詞した曲で、Knight Aの代名詞でもある曲なので。詞を考えていた当時はプレッシャーがあったけど、Knight Aとして何を残したいのかっていうのを全力で詰め込んだ詞になっていて自分的には最高に好き。

### ばぁう

### 『The Night』

初めて振り付けしてもらって練習して、ライブでダンスを披露したんだよね。普段のリハ以外にも、そまゆき。がレッスン場の予約をとってくれて、夜中に自主練してた。必死で振り付けを練習してたのが、自分の中ではすごく覚えてて……曲が流れたら勝手に体が動いちゃうくらい（笑）。曲自体もかっこいいし、「抗えないよ baby」って歌うところがあって、そこの部分はリスナーも気に入ってくれていて、一推しなんだ。

## そうま

# 『Shall we Dance!!』

初めて作詞に携わった曲で、自分の思いを入れているからこそ愛を感じてる。歌詞全体を通すと、恋愛に近いもの。付き合う前ってけっこうドキドキするでしょ？　会ったときになんて言えばいいんだろう？　とか、恋愛の駆け引きとかを描いたものなんだ。俺を見てくれている子たちを夢中にさせてやろうって思いながら、そんな気持ちを具現化した。俺の人生的なものが、この曲には入っているんだ。

## しゅん

# 『トップシークレット』

Knight Aってかっこいいんだけど、なんだかんだ優しいんだ。基本的には各々の主張を押し通してるように見えるけど、ちゃんとついてきてくれる子たちは大事にしたいなって思っている。この曲は甘いテイストの曲なんだけど、わかる人にはわかる、Knight Aのそんな甘い一面を匂わせているなって感じて好きなんだ。

実はこの曲もダンスをすごく練習していて、9月23日のライブ『The Night』のアンコール曲になっていたんだ。それが、なんだかんだでアンコールができなくて……（笑）。特に自分にとっては大事な曲なんだよね。だからこそ、次のライブで見せたいし、リベンジしたいと思っているんだ。

# The Night

## てるとくん

### 『Daydream』

普段、僕が歌わないようなおしゃれな曲なんだけど、「解けない夜 覚めないで」とか、おしゃれながらも真っすぐなメッセージが含まれているんだ。きれいさや純粋さが表された歌詞がよくて、いちばん好きになった曲。僕は気持ちを伝えるのがあまり得意ではないので、この歌詞に惹かれるところがあるんだ。（まひとくん。が横から「いいこと言うじゃん」）

## まひとくん。

### 『Vampire Knight』

曲にあるセリフがめちゃくちゃかっこよくて最高だし、サビの歌詞の「今宵 棺桶へ誘う night 永遠に」ってフレーズが好き。「Knight Aが永遠に」とかかっていて、そこがすごい！ この部分が耳の中にずっと残ってるんだ。永遠に。アルバム発売前から好きで、ダンスの自主練のときからずっと言ってた（笑）。

9月23日のライブ『The Night』で流れた
スポーツ対決動画。撮影時のオフショットを紹介
撮影：曽我美芽

# Off Shot

Pk対決！

玉入れ！

シャトルラン！

フリースロー！

Fight!

準備運動！？

# Knight A talk - The Goal -
# これからの目標
# SONG

**ゆきむら。** Ｋｎｉｇｈｔ Ａが他のグループと違うのは、言葉の強さだと思うんだよね。伝えたいことやこだわりがめちゃめちゃある。そういうものを作詞家の人に頼むのも、もちろんいいんだけど、自分たちで書いたほうがかっこいい！リスナーにも真っすぐ伝えられるし気に入ってもらえると思う。

**ばぁう** ただ、ゆきむら。とそうまが作詞に苦労しているのを見てるからなぁ……（笑）。

**しゅん** 歌詞は自己満で終わらせちゃいけないし、聴いた人に自分の考えをわかってもらえるように書かなくちゃいけない。

まひとくん。
ゆきむら。

それをまた音にハメるんだから難しい。Knight Aは現段階でもめっちゃかっこいいんだけど、リスナーの前ではもっとかっこよくいたいんだよね。もっと自分たちを届けたい。作詞は、プレッシャーもあるだろうし葛藤もあるだろうし、面倒くせぇって思う瞬間もあるだろうけど、絶対に挑戦していきたいと思ってる。

# これからの目標

# LIVE

そうま

これまでも全力をつくしてライブをやってきて、12月にまた横浜アリーナに帰るんだけど、念頭に置いているのは「目の前の子たちを楽しませる」ってこと。そのために、俺たちはどんなことでもやる。

ゆきむら。

全員でセトリを考えたり、ライブに対して思っていることを出し合ってる。

ばぁう

12月のライブタイトル『Dead Or Alive』は、みんなでああだこうだ出していった中での、ゆきむら。の『Dead Or Alive』になってる。

# Knight A talk - The Goal -

**ゆきむら。** 普通に揉めるときもけっこうあるんだ（笑）。みんな我が強いから、「俺はこう」「俺はこう」っていうのをうまくすり合わせていかなくちゃいけない。

**そうま** でも、それぞれの意見が合わさって答えが出たら、よりよいものになると思うんだ。

**ゆきむら。** やっぱリスナーに近い位置にいるのは自分たちだから、自分たちで作っていきたい。もちろん、いろんな人の力を借りて階段を上がっていくこともかっこいいことだと思うんだけど、リスナーが寂しい気持ちになるかもしれないし。「これ自分たちで考えてないじゃん」ってわかった瞬間に、すごく冷めちゃうと思うんだよね。

**ばぁう** 自分たちで、納得いくものしか出したくないよな。

# これからの目標

# GROUP

ばぁう　目標は火星ライブ。

そうま　結成当時から言ってる（笑）。

ゆきむら。　誰も行きたくはない（笑）。

ばぁう　グループを組むからには自分たちにしかできないことをやりたいって言ってたから、大袈裟かもしれないけど、そのくらいの気持ち。それくらいの熱量が、メンバーそれぞれにある。

そうま　火星に行くことって、かなり難しい。でも、長い時間をかけてでも挑戦し続けていたら、もしかしたら行けるかもしれない。実際はやり続けるってことが難しくて、望んでいる子がいるなら、ずっとやり続けたい！　楽しいと思っていることはやり続けたいんだ。

てるとくん　これからも大きな壁が出てくると思うんだけど、全部ぶち破って突き進みたい。求められる限りはずっと突き進んでいくつもり。

まひとくん。　それこそ、メンバーみんなこれまでうまくいってるわけじゃないから。

しゅん　挫折もあるからな。

そうま　挫折しながら当たって砕けろじゃないけど、砕けまくって、砕けながらも壁を何枚も壊してきた。これからも、そうやって高い目標に挑戦し続けたいから、とにかく見ていてほしい。

# Knight A talk - The Goal -

# 見ていてくれさえいればわかる！

撮影：渡部実加子　ヘアメイク：井上佳代、小島なつき　スタイリスト：高山良昭

# Unite

2021年12月15日　初版発行

STPR BOOKS
企画・プロデュース　ななもり。

著者　Knight A × ななもり。

編集　株式会社ブリンドール

デザイン　アップライン株式会社

印刷・製本　大日本印刷株式会社

発行　STPR BOOKS

発売　株式会社リットーミュージック
〒101-0051 東京都千代田区神田神保町一丁目105番地

[乱丁・落丁などのお問い合わせ先]
リットーミュージック販売管理窓口
TEL：03-6837-5017／FAX：03-6837-5023
service@rittor-music.co.jp
受付時間／10:00 - 12:00、13:00 - 17:30（土日、祝祭日、年末年始の休業日を除く）

[書店様・販売会社様からのご注文受付]
リットーミュージック受注センター
TEL：048-424-2293／FAX：048-424-2299



※本書は新型コロナウイルス感染症（COVID-19）拡大防止のため、政府の基本方針に基づき、著者・スタッフの健康面、安全面を考慮し、感染リスクを回避するための対策につとめて制作しております。

※本体価格は裏表紙に表示しています。

Printed in Japan
ISBN978-4-8456-3711-9
C0095　¥2500E